N⁰⁵⁷

GÉNÉALOGIE

DE LA

MAISON D'IRLAND,

ET DE CELLE

DE SAINTE HERMINE.

PATENTE
DU ROI
DE LA GRANDE BRETAGNE

Pour la confirmation de l'antiquité de la noblesse de MM. Irland, avec une attestation faite sur les lieux & la traduction, avec une autre Patente du Roi de France, ensemble l'Arrêt de vérification de la Cour de Parlement à Paris.

A PARIS,

Chez P. G. SIMON, Imprimeur du Parlement, rue Mignon Saint-André-des-Arcs.

M. DCC. LXXX.

CAROLUS Dei gratiâ, Scotiæ, Angliæ, Franciæ, & Hiberniæ Rex, Fidei Defenſor. Omnibus & ſingulis, ad quorum amicas manus, has Litteras præſentes pervenire contigerit, Salutem. Sciatis nos exaĉto faĉto ſcrutinio & inquiſitione diligenti, pro certo comperiſſe, ſubditos noſtros cognomine Irland, ex nobili & generosâ familiâ in Scotiâ noſtrâ oriundos, eoſque per longiſſimam annorum ſeriem, in diĉto Regno, ut generoſos & virtutis ſtudioſos, ut tales decebat, vixiſſe. Fuiſſe etiam in bello, fortitudine; in pace, prudentiâ inſignes; fortes & fideles quemadmodum poſtulabat occaſio, Scotiæ Regibus progenitoribus noſtris continuò ſe præſtitiſſe. Honeſtiſſimæ illius familiæ authores, in Lornam Scotiæ Provinciam Hiberniæ maximè vicinam, ante ſeptingentos annos, ſedes quæſituri novas migrarunt, ibique terram de Bordlland per tres annorum centurias poffederunt. Poftea vero illâ relictâ regione, in Pertham, aliam Scotiæ Provinciam, mitiore cœlo & cultu magis civili fruituri fe tranftulerunt. Terras & Baroniam de Murthlye, ante Regis Roberti I. tempora acquifiverunt. Matrimonia cum vicinis æqualibus nobilibus & generofis Moravijs, Drummundis, Merceris aliifque ejus Provinciæ Viris claris, ad familiam ibi confirmandam, contraxerunt. Inter cæteros ex Irlandorum, in Scotiâ, familiâ clari nominis viros, unus nomine Stephanus Irland Baro de Murthlye, dùm Excellentiffimus & femper cum honore compellandus Scotiæ Prorex Dominus Guillelmus Vallas Patriam à fævâ tirannide turpique Anglorum fervitute ftrenuè vindicaret, eminuit, infignemque fortiffimo Duci præftitit operam, fibi famam acquifivit, familiæ cluritudinem auxit. Dictamque Baroniam, cum honore & dignitate feliciter tenuerunt ad

annum millesimum trecentesimum , &
adhuc ut conjectura præsumere licet ,
hæreditatem in eodem nomine conser-
vassent , homines probitate vitæ & mo-
deratione singulari ; si hæres masculus
Alexandro de Irland ejus nominis Baroni
postremo obtigisset ; qui filiam quam
habebat unicam , viro cuidam generoso ,
sed ex aliâ familiâ , alioque cognomine ,
Baroni de Albercrumbry, in matrimonium
collocavit , eique dictam Baroniam de
Murthlye in dotem dedit. Quo matrimonio cognomen Irland , quod diu cum
laude & magnâ omnium existimatione
floruerat , funditus extinctum fuisset ;
nisi idem Alexander terram de Burnben,
fortunæ suæ partem tertiam , vir probus
& prudens , gentisque suæ & nominis
amantissimus , avunculo Joanni Irland ,
ad nomen familiæ originarium conser-
vandum donasset. Joannes vir summæ
industriæ & frugalitatis, ejusque posteri
necessitudines cum viris ejus Provinciæ

maximè confpicuis & claris, ut familiam Irlandorum priori æmulam conftituerent, feque confpectiores redderent, contraxerunt. Ex his unus, ante ducentos annos, nomine Guillelmus Irland de Burnben, uxorem duxit Ifabellam Pitfindy, patrifque Pitfindy de eodem filiam ; ex quâ filium fufcepit Alexandrum Irland de Burnben. Hic verò matrimonio fibi junxit Margaritam Couts filiam Toparchi de Auchterfoull & Annæ Auchinmouty. Ex illâ dictus Alexander Irland filios Joannem & Robertum habuit. Natu major Joannes domi remanfit, rem fuam curavit, familiam propagavit ; quæ in hunc ufque diem perdurat. Robertus verò minor, optimæ indolis & acris ingenii juvenis, cùm Litteras humaniores & Philofophiam, in Patriâ didiciffet, ad majorem fcientiam & famam acquirendam, fortunamque fibi & pofteris doctrinâ & virtute propriâ parandam, in Galliam ante annos centum & qua-

draginta, Francisci I. Francorum Regis
tempore, profectus est. Ibi scientiis &
legibus se applicavit; quarum ope,
Irlandorum familiam, quasi tertiam,
apud exteros, duabus prioribus de Murthlye & de Burnben nullatenùs infe-
riorem erexit; Liberos graviter, pru-
denterque educavit. Hic Robertus Irland, qui ejus familiæ primus in Galliam
trajecit Juris utriusque Doctor (à quo
descenderunt ejus nominis omnes qui
sedes in illo regno posuerunt) duas
habuit uxores. Ex primâ unum suscepit
filium, qui posteà in matrimonium ac-
cepit nobilis cujusdam Pictaviensis filiam, quam matrem fecit unius filii,
qui doctus evadens & clarus Juriscon-
sultus, ad Senatoris officium in supremo
Britanniæ Aremoricæ Senatu evectus
est, & ad annos quinquaginta vixit;
filiumque reliquit fortunarum & officii
hæredem. Is post annos aliquot Picta-
vium (quò avus primò advectus est) se
recepit, ibique Prætoris capitalis, seu

Judicis de criminibus officio, cum laude funĉtus eft, illudque filio reliquit. Diĉti Roberti Irland Juris utriufque Doĉtoris celeberrimi Conjux fecunda Clata de Aubert, foror Præfidis d'Avanton, ex clariffimâ inter Piĉtones familiâ & jam longævo feni filium peperit; cui Bonaventuræ nomen ad facrum Lavacrum indiĉtum eft. Hic eruditus erat, & Jurifprudentiæ ftudiofus & in Curiâ Præfidiali Piĉtavii Judicum unus. Ejus filius itidem Bonaventura Dominus de Lavau Irland, vir bello clarus, in aulâ gratus, probis omnibus charus, Galliarum Monarchæ à Confiliis, Sereniffimæ Reginæ ejus, Matri, Annæ Auftriacæ à domefticis rationibus felix vivit. Hic per amicos, & propinquiores fuos, à nobis humiliter petiit, ut ex gratiâ noftrâ, Litteras Patentes, Sigillo Regni noftri Scotiæ, majore munitas, de familiæ fuæ origine, totâque profapiâ obtinere poffet. Quod quidem libenter conceffimus & teftimonium noftrum rei veritati;

& perfonarum virtuti & dignitati ne-
gare noluimus. Quocircà obnixè rogamus
Sereniffimos, Potentiffimos, Celfiffimos,
Illuftriffimos, Imperatores, Reges, Prin-
cipes, Duces, Ordines, Marchiones,
Comites, omnefque fupremam, vel fu-
bordinatam in fuis refpectivis Ditionibus, Jurifdictionibufque authoritatem
habentes, ut præfatum clariffimum
de Lavau Irland, Liberofque ejus
legitimos & Propinquos Irlandorum
Sanguine fibi junctos, ut reverâ gene-
rofos & nobiles habeant, & patrocinio
fuo tales tueantur & afferant, iifdem-
que quietam, & liberam honorum,
dignitatum, privilegiorum, immunita-
tum & exemptionum indulgeant frui-
tionem & poffeffionem, quæ ejufmodi
nobilibus & generofis Scotis fubditis nof-
tris, in prædictis fuis Ditionibus, Jurifdictionibufque concedi folent, fibi-
que perfuafum habeant, quæcumque
illis amicitiæ vel benevolentiæ teftimo-
nia exhibuerint, nos eâdem fimili oblatâ

occasione, pari gratiâ compensaturos. IN CUJUS REI TESTIMONIUM has Litteras nostras patentes sibi fieri fecimus, & Sigillo Regni nostri Scotiæ majore muniri præcepimus. Apud Aulam nostram Whythall, vigesimo octavo die mensis Julii, Anno partæ Salutis humanæ, millesimo sexcentesimo sexagesimo quarto, & anno regni nostri decimo-sexto.

Per signaturam manu S. D. N. regis supra scriptam.

Ici est le grand Sceau d'Ecosse de cire rouge, en lacs de soie, d'argent & violet.

Et sur le repli de la Patente est écrit :

Sigillatum Edemburgi, decimo-nono die mensis Aprilis, anno Domini 1665.

F. BONSEM.

Et ensuite :

Scriptum ad magnum sigillum S. D. N. Regis.

A me Cancellariæ directoris deputato subscribente, decimo-nono die mensis Aprilis 1665.

J. E. HESONE.

Collationné à l'Original, par moi Conseiller, Secrétaire du Roi & de ses Finances.

Signé SEGUIN.

TRADUCTION

de la précédente Patente.

CHARLES, par la grace de Dieu,
Roi d'Ecoffe, d'Angleterre, de France
& d'Hybernie, Défenfeur de la Foi :
A tous amis entre les mains de qui tom-
beront les préfentes Lettres Patentes ;
SALUT. Sachez qu'après un examen &
& une recherche très - exacte, Nous
avons trouvé pour une chofe très-affûrée,
que nos Sujets qui portent le nom d'Irland en Ecoffe, font fortis d'une très-
noble & très - ancienne famille,
qu'ils ont vécu dans ledit Royaume,
pendant une longue fuite d'années,
comme ils devoient, & qu'ils fe font
toujours diftingués par leur bravoure
& leurs vertus ; qu'ils ont fait connoître auffi leur valeur dans la Guerre,
& leur prudence dans la Paix ; qu'ils

ont toujours donné des marques de leur naiſſance & de leur fidélité aux Rois d'Ecoſſe nos Prédéceſſeurs , dans toutes les occaſions qui s'en ſont préſentées. Les Auteurs de cette noble Famille voulant changer de demeure , paſſerent , il y a plus de ſept cens ans, d'Hybernie dans la Province de Lorn en Ecoſſe , qui étoit la plus proche du lieu qu'ils quittoient. Ils y ont poſſédé pendant trois cens ans la terre de Bordlland : & puis en quittant ce lieu pour vivre dans un climat plus doux , & avec des gens plus civiliſés , ils allerent en Perth une autre Province d'Ecoſſe. Ils y acheterent les terres & la Baronnie de Murthlye , avant le regne de Robert I ; & pour y mieux établir leur Maiſon , ils s'allierent par des mariages avec leurs voiſins , leurs égaux , les nobles & généreux Murrays , Drummunds & Merciers, & d'autres des plus illuſtres du Pays. Entre les plus remarquables de ceux qui ont porté le nom

d'Irland en Ecosse, un nommé Etienne Irland, Baron de Murthlye, a eu de grands
avantages , lorsque le très-excellent , &
qu'on doit toujours nommer avec honneur, Guillaume Vallas , Viceroi d'E-
cosse , tiroit sa Patrie de la cruelle ty-
rannie & honteux esclavage des An-
glais. Il donna un secours très-considé-
rable à ce grand Capitaine , s'acquit
une grande réputation , & augmenta la
splendeur de sa famille. Les Irland ont
conservé avec honneur & dignité ladite Baronnie de Murthlye jusqu'à l'année 1300 ; & comme il est aisé à con-
jecturer , ces gens qui faisoient pro-
fession d'une probité & d'une modéra-
tion particuliere , auroient conservé cet
héritage dans leur Maison , si Alexandre
Irland , le dernier Baron de ce nom ,
eût eu un fils pour être son héritier ;
il maria une seule fille qu'il avoit avec
le Baron d'Albercrumbry, un très-honnête
homme, mais d'une autre Maison &
d'un autre nom , à qui il donna la Ba-

ronnie de Murthlye. Le nom d'Irland, qui avoit long-temps duré avec une estime générale de tout le monde, auroit été tout à fait éteint par ce mariage, si le même Alexandre, homme d'une grande probité & d'une prudence particuliere, par l'amitié qu'il avoit pour sa famille & pour son nom, n'eût donné pour le conserver la terre de Burnben, qui étoit la troisieme partie de son bien à son oncle Jean Irland. Ce Gentilhomme qui avoit beaucoup d'industrie & d'économie, & ses descendans firent alliance avec les plus élevés & les plus illustres de la Province, afin de se rendre plus considérables, & relever la famille des Irland, au degré où elle étoit auparavant. Il y a plus de deux cens ans qu'il y eut un de ceux-là, appellé Guillaume Irland de Burnben, qui se maria avec Isabelle Pitsindy, fille de Pierre Pitsindy, de qui il eut un fils qu'on nomma Alexandre Irland de Burnben, qui se maria avec
Marguerite

Marguerite Couts, fille du Seigneur d'Auchterfoull, & d'Anne Auchinmouty: Cet Alexandre en eut deux fils, Jean & Robert. Jean qui étoit l'aîné demeura dans le Pays ; il eut foin de fes affaires, & aggrandit fa famille qui dure encore à préfent. Robert le cadet, jeune homme d'un bon naturel & d'un efprit vif & pénétrant, ayant fait fes humanités & appris la philofophie dans fon Pays, alla en France il y a plus de cent quarante ans, du regne de François Ier, Roi de France, pour y acquérir avec plus de fcience une plus grande réputation, & pour y faire une plus grande fortune pour lui & fes defcendans, par le moyen de fa doctrine & de fa propre vertu. C'eft là qu'il eut une très-grande application aux Sciences, & particuliérement à celle du droit, qui lui facilita les moyens d'établir une troifieme famille chez les Etrangers, qui ne cédoit en rien aux deux premieres de Murthlye & de Burnben, & il eut un foin très-particulier de l'éducation de fes enfans. Ce Robert Irland, le premier de cette Maifon qui paffa en France, Docteur en Droit, de qui font defcendus tous ceux qui font établis dans ce Royaume, eut deux femmes; de la première il n'eut qu'un fils, qui ayant époufé la fille d'un Gentilhomme de Poitiers, en eut un fils, qui après avoir bien appris le Droit, eut une Charge de Confeiller au Parlement de Bretagne, & vécut cinquante ans; il laiffa un fils héritier de fon bien & de fa Charge, qui fe retira après quelques années à Poitiers, où fon aïeul s'étoit premierement établi; & y ayant eu la Charge de Lieutenant Général Criminel, il la fit avec un fuccès & un applaudiffement univerfel, & en mourant la laiffa à fon fils. La feconde femme dudit Robert Irland, alors très-fameux Docteur en Droit, fut Claire d'Aubert, fœur du Préfident d'Aventon, d'une des plus illuftres familles du Poitou. Elle donna un fils à fon mari déja vieux, qu'on nomma Bonnaventure au faint Baptême, qui fut très-favant auffi en Droit, & fut Confeiller au Préfidial de Poitiers. Son fils, qui s'appelle auffi Bonnaventure de Lavau Irland, qui eut des emplois dans la Guerre, qui eft bien vu du Roi fon Maître, & aimé de tous les gens de bien, Confeiller du Roi de France en fes Confeils d'Etat & Privé, & Contrôleur Général de la Séréniffime Reine Anne d'Autriche fa Mere, nous a fait demander par fes amis & fes plus proches parens, que nous lui fiffions la grace de lui accorder des Lettres Patentes, fcellées du grand Sceau de notre Royaumed'Ecoffe, pour rendre témoignage de l'origine de fa Maifon & de toute fa Race, ce que nous lui avons accordé fans peine; & n'avons pas voulu refufer notre témoignage à la vérité, au mérite, & à la dignité des perfonnes; c'eft pourquoi Nous prions inftamment les Séréniffimes, très-Puiffans, très-Hauts, très-

Illuftres Empereurs , Rois , Princes ,
Ducs, Etats, Marquis, Comtes & tous
autres ayans une autorité fouveraine
ou fubordonnée dans leurs Terres &
Jurifdictions, qu'ils tiennent ledit très-
Illuftre de Lavau Irland , fes enfans
légitimes & fes parens du même nom
pour nobles & gentilshommes , & leurs
donnent comme à tels leurs protections,
& leur accordent une jouiffance & pof-
feffion libre & tranquille de tous honneurs, dignités , privileges, immunités
& exemptions qu'ils ont accoutumé d'accorder dans leurs Etats & Jurifdictions,
à nos Sujets Ecoffais , Nobles & Gen-
tilhommes , & qu'ils foient perfuadés
que Nous leur rendrons pareilles marques d'amitié & de bienveillance qu'ils
leur donneront. En foi de quoi Nous
leur avons fait expédier les préfentes
Lettres Patentes, & les avons fait fceller
du grand Sceau de noftre Royaume
d'Ecoffe, en notre Cour de **Whythall**,
le vingt - huitieme de Juillet , l'an de

notre falut mil fix cent foixante-quatre,
& de notre regne le feizieme.

WEE Vnderfubfcryvers doe certifie
to all, whom thefe prefents may con-
cerne, that the predeceffours of thefe,
whobare the name and armes of Irland
in Scotland, came from Irland into
Scotland, as wee are Crediblie infor-
meel, and that they firft abode and pof-
feffions of land, was in Lorn neare to
the Countee of Argyle, which is the
Province in Scotland neareft to Irland,
and the Lands they poffeffed in Lorn
were called Bordlland, fome hundreds
of yeares after they tranfported them-
felves to the Province of Perth; wher
they acquired the Lands and Baronie
of Murthlye, before the Reigne of
King Robert Bruce, which Lands and
Baronie they poffeffed Severall years,
till the laft Baron of Murthlye, mar-

ryed his only daughter to the Baron of Albercrummbry, and gave him the Lands of Murthlye : so the Lands went from the Name of Irland, and gave to his Vnkle the Lands of Burnben, being à thir part of the Lands of Murthlye. It is neare three hundred years Since the Lans of Burnben were given out to the Vnkle, and are yet possessed by the name of Irland, and successors of the Baron of Murthlye Irland. Also wee are certainely informed, by the most ancien men of the Countrie, that an brother of Joh. and of Burnben, named Robert Irland, about sevenscore ten years Since, or thereby, went out of Scotland into France, whose, fathers mother was of the house of Pitsindy, his mother of the house of Couts, and mothers mother of the house of Auchinmouty, of whom is descended M. de Lavaud Irland, Controller general of Queen Mother of France her houſe , to whom this Robert Irland was Grand-father. A N E I K L O V R E.

Irland, Baron of Murthlye Lord of Neikloure.	M. John Simpſone , Miniſter of Dull.
Alexander Irland, Baron of Domſey.	Drumond.
Alexander Irland Elder of Burnben.	Grahame.
	Moray.
M. Alexander Irland , Miniſter of Fosbukye.	Balgilo.
	Blair of Beſathy.
John Paton of Courdoun.	Blair of Petendright.
Alexander Paton.	John Stevart.
John Paton of Baliſilque.	Irland Baron of Burben.
M. Alexander Irland Deane of Duquell.	Thomas Stevart , Baron of Fenton.
M. William Ratray , Miniſter of Cargille.	Atholl.
	Ramſay.
Sa: Miniſter of Blaringoun.	Andreu Butler, Prevoſt.
M. John Blair , Miniſter of Caputh.	John James Dean of Gild.
	William Sharpe , Bailli.
M. John Roberſone of Banderan.	Rankin , Bailli.
	Stevart Comte.

Nous ſouſſignés , certifions à tous ceux qu'il appartiendra , en vertu des informations que Nous en avons très-dignes de créance , que les Prédéceſſeurs de ceux qui portent le nom & les armes d'Irland , ſont venus d'Irlande en Ecoſſe , & que leur premiere demeure & les terres qu'ils ont poſſédées dans la pro-

vince de Lorn, s'appelloient Bordlland ;
& quelques centaines d'années après,
ils fe font tranfportés dans la province
de Perth, où ils acquirent la Terre & Baronnie de Murthlye, dès devant le regne
du Roi Robert Bruce, laquelle Terre
& Baronnie ils ont poffédées plufieurs
fiecles, jufqu'à ce que le dernier Baron
de Murthlye donna fa fille en mariage
au Baron d'Albercrumbry, & lui donna
ladite Baronnie en dot, & donna à fon
oncle la Terre de Burnben, qui étoit
un tiers de la Terre de Murthlye. Il y
a près de trois cens ans que ladite Terre
fut donnée audit oncle, & fes defcendans portent encore le nom d'Irland,
venans des Barons de Murthlye Irland.
Nous fommes très-bien informés par les
plus anciens du Pays, dignes de croyance,
qu'il eft certain qu'un frere de Jean Irland de Burnben, nommé Robert Irland, fortit d'Ecoffe il y a environ cent
cinquante ans, pour aller en France. La
mere de fon pere étoit fille du Baron

de Pitfindy , & fa mere fillé du Baron de Couts , & la mere de fa mere fille du Baron d'Auchinmouty, d'où M. de Lavaud Irland , Contrôleur Général de la Maifon de la Reyne , Mere du Roi de France , eft defcendu.

ANEIKLOVRE.

Irland, Baron de Murthlye, Comte de Neikloure.
Alexandre Irland , Baron de Domfey.
Alexandre Irland , fils iné de Burnben.
M. Alexandre Irland , Miniftre de Fosbukye.
Jean Paton de Courdoun.
Alexandre Paton.
Jean Paton de Balifilque.
M. Alexandre Irland , Doyen de Duquell.
M. Guillaume Ratray, Miniftre de Cargille.
Sa : Mercer de Blaringoun.
M. Jean Blaire , Miniftre de Caputh.
M. Jean Roberfone de Banderan.
M. Jean Simpfone , Miniftre de Dull.

Drummund . Comte.
Graham , Comte.
Moray , Comte.
Balgilo , Baron.
Blaire de Befathy , Baron.
Blaire de Petendright , Baron.
Jean Stevart , Baron.
Irlan , Baron de Burnben.
Thomas Stevart , Baron de Fentone.
Atholl. Comte.
Ramfay , Comte.
Stevart , Comte.
André Butler , Prévôt des Marchands.
Iean Jacques , Echevin.
Guillaume Sharpe , Echevin.
Rankin , Echevin.

NOUS Secrétaire , Interprête du Roi en Langue Anglaife & Ecoffaife, avons traduit la préfente certification de la

Langue Ecoſſaiſe en Français, qui contient fidélement les mêmes termes & le même ſens de l'original, lequel j'ai remis à M. de Lavau Irland, pour lui ſervir & valoir ce que de raiſon. Fait à Paris, ce onzieme jour de Septembre mil ſix cens ſoixante-cinq.

Signé K I R E P A T R I K, avec paraphe.

Collationné à l'Original, par moi Conſeiller & Secrétaire du Roi & de ſes Finances.

Signé S E G U I N.

L OUIS, par la grace de Dieu, Roi de France & de Navarre : à tous préſents & à venir ; SALUT. Comme la vraie Nobleſſe tire ſa plus grande gloire de ſon ancienneté & de l'éloignement de ſon origine ; auſſi eſt-il vrai de dire, que plus une perſonne a d'ancêtres Nobles & Illuſtres dans ſa Race, plus elle ſe trouve élevée au-deſſus du commun, principalement lorſqu'avec cet avantage , elle a hérité des mêmes vertus qui les ont rendus recommandables. Sur ce fondement , il est aisé de juger des motifs qui ont convié notre amé & féal Bonnaventure Irland de Lavau , Conseiller en nos Conseils d'Etat & Privé , & Contrôleur Général de la Maison de la Reine , notre très-honorée Dame & Mere , de rechercher avec soin, ainsi qu'il nous l'a exposé quels ont été les auteurs de la famille dont étoit descendu son aïeul , lequel étant originaire d'Ecosse , fut le premier de son nom qui passa en France, & qui a été comme la tige des branches de cette Maison y qui sont établies. Pour réussir en cette recherche , il a eu recours à notre très-cher & très-amé bon Frere & Cousin le Roi de la Grande Bretagne , par l'autorité duquel s'étant fait un examen & une perquisition très-exacte en Ecosse de la Noblesse & de l'ancienneté de cette Famille , il en a obtenu une preuve authentique par les Lettres Patentes que

notredit Frere lui en a fait expédier.
Et d'autant qu'une des principales fins
pour lesquelles ledit Irland de Lavau a
pris soin de retirer ainsi de l'oubli les
noms de ses aïeuls, particuliérement de
ceux dont les actions extraordinaires
méritoient que la mémoire en fût con-
servée à la Postérité, a été de pouvoir
laisser à ses successeurs des exemples de
vertu tirés de sa propre Race, qui puf-
sent servir à les exciter davantage à sui-
vre les traces de leurs prédécesseurs, &
à mériter de leur Patrie, par des services signalés, autant que ceux-là ont
fait de la leur, Nous avons bien voulu
avoir égard à la très-humble supplica-
tion qu'il nous a faite, d'approuver par
nos Lettres Patentes le témoignage porté
par celles de notredit Frere, de son extraction, afin qu'elle ne puisse à l'avenir
être ignorée ni révoquée en doute. A
quoi Nous nous sommes trouvés d'autant plus disposés, que Nous avons en
particuliere recommandation les loua-

bles qualités qui se rencontrent en sa personne, & que Nous sommes si satis-faits du zele extraordinaire & de la fidélité inviolable, dont il a toujours accompagné les services qu'il nous a rendus, & à la Reine notredite Dame & Mere, depuis quarante - huit années, tant en la fonction de sa Charge, qu'en plusieurs autres emplois, dont il s'est acquitté à notre entiere satisfaction; qu'il n'y a point de graces qu'il puisse desirer de Nous, que Nous ne nous sentions conviez à lui accorder ; Savoir faisons : Qu'après avoir fait voir en notre Conseil lesdites Lettres Patentes de notre Frere & Cousin le Roi de la Grande Bretagne, ci-attachées sous le contre-scel de notre Chancellerie, contenant une authentique attestation de la Noblesse & de l'ancienneté de la Race & Famille du nom d'Irland, dont les Auteurs sortirent d'Hybernie, il y a plus de sept cent ans, pour venir s'habituer en Ecosse, où eux & leurs descendans posséderent pendant trois cens ans la Terre de Bordlland en la Province de Lorn, & depuis passerent en celle de Perth, où ils acquirent la Baronnie de Murthlye, & s'allierent par mariage avec les nobles familles des Murrays, Drummunds, Meriers & autres non moins illustres que la leur. Ils posséderent cette Baronnie jusqu'en l'année mil trois cent, qu'Alexandre Irland la donna avec sa fille unique en mariage au Baron d'lAbercrumbry : ayant réservé seulement la Terre de Burnben, qui n'étoit que la troisieme partie de son bien, pour la laisser à Jean Irland son oncle, afin de lui donner d'autant plus de moyen de soutenir l'éclat de sa famille, dont il devenoit le chef par la mort de l'autre. Les successeurs de ce Jean continuerent de se soutenir par de grandes alliances : & de ceux-là il y en eut un appellé Guillaume Irland de Burnben, qui se maria avec Isabelle, de la Maison de Pitsindy, dont il eut un fils,

nommé Alexandre, qui épousa Marguerite Couts , fille du Seigneur d'Auchterfoull & d'Anne d'Auchinmouty ;
& cet Alexandre eut deux fils , l'un
nommé Jean , qui continua la branche
qui dure encore à préfent dans le Pays ,
& l'autre Robert, aieul du Suppliant ,
& l'auteur de celle qui fubfifte en notre
Royaume. Ce Robert ayant dès fes jeu-
nes ans embraffé la profeffion des Lettres,
& s'y étant rendu auffi célèbre que l'a-
voient été fes peres en celle des Armes,
vint en France, fous le regne de François Ier , & s'habitua en notre ville de
Poitiers, où il parvint à être Docteur en
Droit, & Régent en l'Univerfité de ladite
Ville. Et fe voyant d'autant plus engagé
cet emploi à finir fes jours dans ce
Royaume , il defira de fe faire natura-
lifer Français , & obtint du même Roi
toutes Lettres à ce néceffaires (1). Et

---

(1) Au mois de Mai 1521 : l'Hiftoire d'Angleterre
& d'Ecoffe fait voir des Ambaffadeurs de cette famille
en Ecoffe & en France.

comme outre le profond favoir qu'il poffédoit, il n'étoit pas moins habile dans le Gouvernement politique ; il fut élu d'un commun confentement Echevin de la même Ville ; & dans l'exercice de cette Charge, il confirma à l'avantage du Public la bonne opinion qu'on avoit conçue de fa capacité, de fa fuffifance, & de fa dextérité au maniement des affaires les plus épineufes. Il époufa en premiere nôce Marie Saveteau, & de ce mariage fortit Jean Irland, qui fut Confeiller en notre Cour de Parlement de Rennes ; à laquelle Charge fuccéda fon fils, qui s'en étant défait, fut pourvu de celle de Lieutenant Criminel au Siége Préfidial de Poitiers, laquelle a été confervée à Jean Irland fon fils, qui l'exerce encore avec honneur & à la fatisfaction d'un chacun. Du fecond mariage de Robert avec Claire Aubert, fœur du Seigneur d'Aventon, Confeiller en la
Grande

Grand'Chambre de notre Cour de Parlement de Paris, & depuis Préfident au Siege Préfidial de Poitiers, & le premier qui exerça cette Charge, eft iffu Bonaventure Irland, qui hérita de la fcience & de la vertu de fon pere, & fut comme lui Docteur Régent en la même Univerfité, & de plus Confeiller au Siege Préfidial : en l'une & en l'autre defquelles fonctions il a acquis beaucoup de réputation. Il contracta mariage avec Marie de Saufay, de la famille des Saufay, Barons de Contremoret ; & entr'autres enfans (1) eut le Suppliant, à la confidération duquel Nous nous fommes volontiers porté, à lui faire expédier nos Lettres fur ce néceffaires.

---

(1) Il eft configné dans les regiftres du Chapitre de l'Eglife infigne de Saint-Hylaire de Poitiers, dont le Roi eft Abbé, que le 10 Août 1659, le Roi & la Reine, Mere de Sa Majefté, préfenterent dans ladite Eglife au Saint Sacrement de Baptême, la fill. de Haut & Puiffant Seigneur Louis Frottier, Seigneur de la Meffeliere & de Haute & Puiffante Dame A1ne Irland fon époufe, à laquelle la Reine a donné le nom d'Anne & le Roi de Louife.

A CES CAUSES, & autres à ce nous mou-
vans, Nous avons dit & déclaré, difons
& déclarons par ces Préfentes, fignées
de notre main, que Nous reconnoiffons
ledit fieur de la Vau Irland, & tous les
defcendans de Robert pour Gentilshommes, iffus de la Noble famille des Irland, Seigneurs de Burnben, & auparavant Barons de Murthlye Ecoffais.
Avouons & autorifons, en tant que befoin feroit, l'ancienneté de leur Nobleffe,
fuivant le témoignage qu'en a rendu notredit bon Frere & Coufin le Roi de la
Grande Bretagne, Voulons & nous plaît,
que ledit fieur de Lavau Irland & autres
defcendans de Robert, enfemble leurs
enfans nés en loyal mariage, foient tenus, réputés & traités par tous nos Sujets, de quelque qualité & condition
qu'ils foient, pour Gentilshommes iffus
de ladite famille, & ayant droit d'en porter le nom & les Armes ; & que comme
tels ils jouiffent en tous lieux, aftes &
affemblées des privileges, prérogatives,
titres & honneurs qui font dûs & peu-

vent appartenir à la qualité de Gentilhomme d'ancienne extraction. Si
DONNONS EN MANDEMENT, à nos amés
& féaux les Gens tenans notre Cour de
Parlement à Paris, Baillis, Sénéchaux,
leurs Lieutenans, & autres nos Officiers,
Justiciers & Sujets qu'il appartiendra,
que ces présentes ils fassent enregistrer,
& de leur contenu souffrent & laissent
jouir & user plainement, paisiblement
& perpétuellement, ledit sieur de Lavau
Irland; ensemble les descendans de Robert & leurs successeurs enfans, postérité & lignée, mâles & femelles, nés
& à naître, comme dit est, en loyal mariage, & les faisant reconnoître en tous
lieux & assemblées pour Gentilshommes
d'ancienne extraction : CAR tel est notre
plaisir. Et afin que ce soit chose ferme &
stable à toujours, Nous avons fait mettre
notre scel à cesdites Présentes. DONNÉ à
Paris au mois de Septembre, l'an de grace
mil six cent soixante-cinq, & de notre
règne le vingt-troisieme. *Signé* LOUIS.

Et furle repli : Par le Roi , LE TELLIER.
Et fcellé du grand Sceau de cire verte,
en lacs de foie rouge & verte fur double
queue. Et à côté *vifa*. SEGUIER.

Collationné à l'Original , par moi Confeiller
& Secrétaire du Roi & de fes Finances.
Signé SEGUIN.

E X T R A I T des regiftres de Parlement.

ENTRE Mᵉ Bonnaventure Irland ,
Seigneur de Lavau , Confeiller du Roi
en fes Confeils , Contrôleur Général
de la Maifon de la défunte Reine , Mere
du Roi ; Mᵉ Louis Irland , Doyen de
l'Eglife Saint - Hilaire le grand de la
ville de Poitiers ; Jacques Irland , Ecuyer,
fieur de la Cigogne , fils de défunt René
Irland , vivant , Ecuyer , Confeiller du
Roi au Siége Préfidial de ladite Ville ,
& Claude Irland , Ecuyer , fils de feu
Bonnaventure Irland , Ecuyer , Confeiller du Roi audit Siége de Poitiers ,
qui étoit fils aîné dudit René Irland ,
tous enfans du fecond lit de défunt Ro-

bert Irland, Ecuyer, Docteur ès Droits
& Echevin de la Maison commune de
ladite ville de Poitiers, & de Damoiselle Claire Aubert; Me Jean Irland,
Conseiller du Roi en ses Conseils,
Lieutenant Général & Criminel de Poitou; Louis Irland, Ecuyer, Chantre &
Chanoine en l'Eglise dudit Saint-Hilaire,
& Robert Irland, Ecuyer, sieur du Fief
Clairet, enfans du premier lit dudit défunt Robert Irland, Ecuyer, & de Damoiselle Marie Saveteau, demandeurs
à l'entérinement des Lettres Patentes
du Roi obtenues au mois de Septembre
1665, par ledit sieur de Lavau Irland,
& en exécution d'Arrêts de la Cour in-
tervenus ensuite des 31 Décembre audit
an 1665 & 6 Février 1666, & en Requête judiciaire, d'une part; & le Procureur Général du Roi, défendeur, d'autre:
Vu par la Cour lesdites Lettres Patentes
données à Paris au mois de Septembre
1665, signées LOUIS. Et sur le repli,
Par le Roi, LE TELLIER. Et scellées du

grand Sceau de cire verte, obtenues par
Bonnaventure Irland fieur de Lavau,
par lefquelles & pour les caufes y con-
tenues, ledit Seigneur Roi auroit dit,
déclaré & reconnu ledit de Lavau Irland
pour Gentilhomme, iffu de la Noble famille des Irland, Seigneurs de Burnben,
& auparavant Barons de Murthlye &
Ecoffais; auroit Sa Majefté avoué &
autorifé en tant que befoin feroit l'ancienneté de leur Nobleffe, fuivant le
témoignage qu'en a rendu le Roi de la
Grande Bretagne, veut en outre que
ledit de Lavau Irland & autres defcendans de Robert, enfemble leurs enfans
nés en loyal mariage, feront tenus, réputés & traités par tous fefdits Sujets,
de quelque qualité & condition qu'ils
foient pour Gentilshommes, iffus de ladite famille, & ayant droit d'en porter
le nom & les armes, & comme tels qu'ils
jouiffent en tous lieux & actes & affemblées des priviléges, prérogatives, &
titres d'honneurs qui font attribués &
peuvent appartenir à la qualité de Gen-

homme d'ancienne extraction, ainsi que plus au long le contiennent lesdites Lettres à la Cour adressantes. Vu aussi les Lettres Patentes de Noblesse des aieuls dudit Irland, expédiées par le Roi de la Grande Bretagne. Requête présentée à la Cour par Jean Irland, Lieutenant Général Criminel de Poitiers ; Louis Irland, Chanoine de Saint - Hilaire de Poitiers ; & Robert Irland, Ecuyer, sieur de Fief Clairet, descendans du premier lit de feu Robert Irland, Louis Irland, Doyen de S. Hilaire de Poitiers ; Irland, Ecuyer, enfans de défunt Bonaventure Irland, Conseiller du Roi, Ecuyer, sieur de la Cigogne, enfans du second lit dudit Robert Irland, & Me Bonnaventure Irland sieur de Lavau, Conseiller du Roi en ses Conseils, Contrôleur Général de la Maison de la Reine, Mere du Roi ; à ce qu'il plût à la Cour, entérinant lesdites Lettres de confirmation de Noblesse octroyées audit de Lavau Irland, ordonner que les Supplians

C iv

qui font auffi de la famille dudit Robert, & qui ont toujours vécu noblement, jouiroient de la même grace de confirmation de leur Nobleffe, accordée audit de Lavau Irland. Arrêt du 31 Décembre 1666, par lequel la Cour avant faire droit, ordonne que pardevant le Confeiller Rapporteur, en préfence de l'un des Subftituts du Procureur Général du Roi, les Supplians informeroient du contenu & des Lettres, articuleroient plus amplement leurs faits de Généalogie, & en feroient preuve tant par titre que témoins, pour le tout fait, rapporté & communiqué audit Procureur Général, prendre telles autres conclufions que de raifon. Autre Arrêt du 6 Février 1666, rendu entre lefdits Impétrans & ledit Procureur Général, par lequel de fon confentement ladite Cour auroit ordonné que l'Arrêt du dernier Décembre dernier, feroit exécuté pardevant le Lieutenant particulier de Poitiers qu'elle auroit commis à cet effet; ce faifant, que pardevant lui il feroit informé du contenu auxdites Lettres , & fait de généalogie de Nobleſſe tant par titres que témoins , en préſence du Subſtitut dudit Procureur Général audit Poitiers. Enquête du 5 Mars 1666 , faite parde-vant Mᵉ Martin Reveau , Lieutenant particulier & Aſſeſſeur civil au Préſidial de Poitou à Poitiers , de la généalogie de Nobleſſe deſdits Impétrans ſur les faits par eux articulés en vertu dudit Arrêt , ladite Requête judiciaire deſdits Irland contenue en l'Arrêt du 20 Mai 1666 , à ce que l'enquête faite par ledit Mᵉ Martin Reveau , Lieutenant parti-culier audit Poitiers , en vertu deſdits Arrêts des 30 Décembre & 6 Février 1666 , fut reçue pour juger en la maniere accoutumée , ledit Arrêt dudit jour 20 Mai 1666 , par lequel ladite enquête auroit été reçue pour juger , joint les prétendus moyens de nullité & de re-proches , & les Parties appointées à produire, bailler contredits & ſalvations. Production deſdits Irland, compoſée de pluſieurs contrats de mariages , de par-

tages noblement faits , & autres pieces
concernans la preuve par écrit de la
Nobleffe defdits Irland , pour fatisfaire
aux Arrêts ci-deffus énoncés. Forclufions
de fournir par ledit Procureur Général
de moyens de nullité & reproches con-
tre ladite Requête , produire & contre-
dire fuivant ledit Arrêt. Conclufions
dudit Procureur Général du Roi : Ouï
le rapport de Me Pierre Catinat , Confeiller en ladite Cour : Et tout confidéré
ladite Cour a ordonné & ordonne que
lefdites Lettres feront regiftrées au Greffe
d'icelle pour être exécutées , & jouir
par les Impétrans de l'effet & contenu
en icelles , à la charge de vivre noblement & ne faire aucun acte dérogeant à
Nobleffe. Fait en Parlement le 26 Août
1667.

Collationné DUPLET.

*C'eft d'après l'acte de dépôt des pieces originales
fait pardevant Riviere & Brunet, Notaires Royaux
à Poitiers , vidimées & légalifées par le Juge que
l'impreffion s'en eft faite. Signé le Comte IRLAND ,
Chevaux Léger , & Chevalier de Saint-Louis.*

GÉNÉALOGIE

DE LA MAISON

DE SAINTE-HERMINE.

A PARIS,

Chez P. G. SIMON, Imprimeur du Parlement,
rue Mignon Saint André-des-Arcs.

M. DCC. LXXX.

GÉNÉALOGIE

DE LA MAISON

DE SAINTE-HERMINE.

Établie en Saintonge & en Angoumois, où elle a possédé les terres du Fa, Tourtron, Saint-Mêmes, Pont-Breton, Marsac, la Laigne, Chenon, Mérignac, Coullonges, Saint-Laurent & de la Barriere.

La Maison de Sainte Hermine n'est pas moins Illustre par son ancienneté que par ses grandes alliances, emplois, qualités & charges; elle est d'ancienne Chevalerie : à ce caractere qui lui assure un rang dans l'ordre de l'ancienne Noblesse ; elle joint de bonnes alliances & des services. Ce qu'on va rapporter est établi par titres originaux , ou par expéditions faites sur les originaux & par une collection nombreuse d'Extraits, qui ont été remis au Cabinet de l'Ordre du Saint - Esprit par Monsieur le Marquis de Sainte-Hermine , Chevalier, Commandeur de l'Ordre de S. Lazare , dont il sera ci-après parlé.

GÉRARD DE SAINTE-HERMINE, l'un des Seigneurs (proceres) nommé dans une Charte expédiée en mil quatre-vingt-dix en faveur de l'Abbaye de Tonnay sur la Charente, au Diocèse de Saintes-Ramnulsé , Evêque de Saintes, 2. *Edit. Instrum. D. 2 p. 4590. Gallia Christiana.*

ON TROUVE ENSUITE.

GUILLAUME DE SAINTE-HERMINE , nommé dans un acte passé devant Pierre le Joumiau, Garde de la Prévôté de Paracol : favoir faifons que par-devant nous, vint en jugement en propre perfonne, Noble homme Monfeigneur Hugues de Pompeau, Chevalier paroiffien de l'Eglife de Balfac, du Diocèfe d'Angoulême ; fi comme il dit & reconnu, en droit : qu'il avoit vendu à Raimond Aubert, Clerc d'Angoulême, la tonfure d'un bois appellé de la Laignes, affis fur la Charente, entre le bois Arnaud Scuraud, d'une part, & *Monfeigneur Guillaume de Sainte-Hermine*, titre qu'on donnoit alors aux Chevaliers, acte, original paffé fous le fcel du Paracol, l'an de grace, mil trois cent deux.

AIMERIE DE SAINTE-HERMINE, Chevalier qui rendit aveu en mil trois cent quarante-deux à Aimard Seigneur d'Archiac, de plufieurs Fiefs qu'il tenoit de lui dans les Paroiffes de Neufle, de Huffau, & de Chadenac, original en parchemin & latin.

HÉLIOT DE SAINTE-HERMINE, fervoit en mil trois cent cinquante-fix, dans l'Armée que le Roi Jean avoit en Angoumois, à la tête d'une Compagnie formée de quatre autres Ecuyers & d'un Archer; il rendit hommage à Guillaume Evêque d'Angoulême, l'an mil trois cent quatre-vingt-dix-neuf, de fa terre des Gouffiers Malatraits, à caufe d'Ifa-belle de Dompt fa femme, héritiere de Pétronille de Gouffier; il donna auffi quittance à Jean Chauvel, Tréforier des guerres du Roi notre Sire, de fes gages de lui, & quatre autres Ecuyers & d'un Archer, fous le Gouvernement de No-ble homme, Meffire Guillaume, Sei-gneur de Montleçun, Chevalier, Capi-taine & Sénéchal d'Angoulême, la fom-me de quarante-cinq livres cinq fols tournois, eux comptés pour droit 4 li-vres 5 fols, de laquelle fomme je me tiens bien payé. Donné à Angoulême, fous mon fcel, le vingt-deuxieme jour de Janvier, l'an mil trois cent cinquante-fix, fcellé en cire rouge, du fceau ci-

deffous

deſſous repréſenté 2. 4. 3 , des ſceaux,
fol. 3189.

ARNAUD DE SAINTE-HERMINE ,
Ecuyer, qui étoit, en mil trois cent cin-
quante-quatre , Capitaine , c'eſt-à-dire
Commis à la Garde de Chateauneuf en
Angoumois , avec une Compagnie de
quatre autres Ecuyers & d'un Archer ; il
donna quittance de ſes gages en cette
qualité , à Barthélemi du Drach, Tréſo-
rier des guerres du Roi notre Sire , juſ-
qu'au premier Juillet mil trois cent cin-
quante-quatre , ſous le Gouvernement
de Noble homme, Mons Guillaume de
Néelle, Sire de Souchi, Capitaine d'Angoumois, la ſomme huit vingt-dix livres
huit ſols tournois, monnoye courante ,
donné ſous mon ſcel, le onzieme jour
de Juillet , l'an mil trois cent cinquante-
quatre . en cire rouge, du ſceau ci-deſ-
ſous figuré 2. 59, des ſceaux, fol. 4525 ,
qui repréſente un ſemé d'hermines & ſix
merlettes poſées 3. 2. & une.

Et Jean de Sainte-Hermine , qui ſer-

D

voit en Languedoc en mil trois cent cinquante-huit, comme Ecuyer de la Compagnie d'Aimery, bâtard de la Rochefoucault.

Tout concourt à établir la filiation, depuis Arnaud de Sainte-Hermine, Ecuyer, Capitaine de Châteauneuf, rappellé ci-deſſus : il épouſa vers l'an mil trois cent trente-cinq, Iſabelle de Leutard, fille de Seguin de Leutard, Chevalier, & en eut :

GUILLAUME DE SAINTE-HERMINE, Valet, titre équivalent à celui d'Ecuyer, Seigneur de Tourtron & de Pont-Breton, qui rendit aveu en mil quatre cent un, à Louis, Duc d'Orléans, Comte d'Angoulême, du Fief de Tourtron, mouvant de la Châtellenie de Châteauneuf, en fit hommage en mil quatre cent onze, à Jean, Comte d'Angoulême, tiré de la Chambre des Comptes à Paris, ſous la cote quatre cent quinze. Autre aveu rendu par Guillaume, à Aimard Odart, Seigneur de Lignieres de ſon ébergement & hôtel en Boutteville, à cauſe

d'Isabelle Duffolier, Demoiselle sa femme, fille de Pierre & de Jeanne Dumas,
du premier Août mil quatre cent un,
cote six cent deux; il eut d'Isabeau Duffolier, Dame de la Frécelliere, aujour-
d'hui la Filliére, héritiere de la terre de
Saint-Même en Angoumois, comme il
eſt prouvé par l'enquête dont on joint
ici l'extrait; qu'Isabeau Duffollier, Demoiselle femme autorisée de Guillaume
de Sainte-Hermine, Ecuyer, a établi
devant Guy, Prévôt de Cognac, pour
très-haut & très-puissant Prince, Monseigneur d'Orléans, Comte d'Angoulême, donné en l'assise de ladite Prévôté
sous ledit scel, le Samedi vingt-huitieme
jour du mois de Février l'an mil trois
cent quatre-vingt-dix-neuf, qui reçoit
le serment d'Hélie de Montozier, valet
de l'âge de quatre-vingt-quinze ans ou
environ, témoins produits, reçus jurés
enquis diligemment sur les branches ou
dégrés du lignage susdit, dit & déposé
par serment qu'il fut nourri petit en-

fant, en l'Hôtel de Monseigneur Joffre
de Baret, qui étoit Seigneur de Saint-
Même, & plus dit, qu'il vit Monseigneur
Itier de Baret, qui fut fils de Monseigneur Joffre de Baret, & de Dame Philippe de Brilhac; & plus dit qu'il vit
Monseigneur Itier de Baret, qui fut fils
de Monseigneur Joffre, & plus dit qu'il
y vit deux sœurs dudit Monseigneur
Itier, l'une s'appelloit Marguerite &
l'autre Jeanne de Baret; Marguerite fut
mariée à un Ecuyer, appellé Guillaume
d'Allemagne, qui eut une fille appellée
Philippe d'Allemagne, & que Jeanne
fut mariée à un Chevalier, nommé Monseigneur Guillaume Vigier de Boutteville, qui eut une fille Marguerite Vigier, qui fut mariée à Itier Dumas, qui
eut Julianne Dumas, qui fut femme de
Pierre Dussolier, d'où est sortie Isabeau
Dussolier, femme de Guillaume de
Sainte-Hermine; de ce mariage, vint
Jean, premier du nom, qui suit & Joide,
mariée en mil trois cent quatre-vingt-
trois à Graciot de la Pierre, Ecuyer, &

pour mieux connoître l'attention que les anciens Seigneurs de Sainte-Hermine avoient de s'allier dans des familles Nobles; pour conserver leur Noblesse, il faut remarquer que Guillaume de Sainte-Hermine dont on vient de parler dans le contrat de mariage de Joide de Sainte-Hermine avec Graciot de la Pierre, fils de Jean de la Pierre, met expressément cette clause, réservant à notre droit héritier mâle, la principale demeure & la cinquieme partie de tous nos biens, suivant la coutume du pays, qui depuis long-temps est en usage entre les personnes Nobles, *secundum consuetudinem quæ est assueta inter nobiles* : il donne à ladite Joide pour son partage dans les biens de ses pere & mere, la Terre de la Frécelliere, assise audit Diocèse d'Angoulême, laquelle Terre lui appartenoit à cause d'Isabelle Dussolier sa femme, & il lui donne aussi en faveur dudit mariage, la somme de quatre-vingt livres une fois payée, & une rente de vingt livres, que Seguin Leutard, Chevalier, avoit promis à Dame Isabelle sa mere, lors de son mariage avec Arnaud de Sainte-Hermine son pere, & qui étoit due par Seguin Leutard, valet, comme héritier dudit feu Seguin Leutard; ce contrat passé en présence de Bertrand Ymond, valet, devant Bernard Pichellii, Prêtre dans la Jurisdiction de l'Archidiacre de Saintes, & collationné par Vallengellier, le Samedi dix-huitieme de Mai, l'an mil quatre cent cinquante-neuf, original en parchemin, une expédition d'un acte de vente faite par ledit Guillaume & Jean de Sainte-Hermine son fils, à Elie Bertrand, Prévôt, Moine, d'un Fief appelé Bordeville, en la Paroisse de Saint-Cibardeaux en Angoumois, Châtellenie de Montignac, lequel Fief ils avouent tenir de Seguin Leutard, en date du quinze Juillet mil quatre cent dix-sept.

JEAN DE SAINTE-HERMINE, premier du nom, valet, qui naquit après le ma-

riage de sa sœur, servoit en mil quatre
cent dix-huit, en qualité d'Ecuyer, dans
la Compagnie de Pierre Bouquet, vendit en mil quatre cent vingt-neuf à
Aymard, Seigneur d'Archiac, les biens
qu'il avoit dans les Paroisses de Neusles,
de Neuillac & de Husseau, qui étoient
en mil trois cent quarante-deux en la
possession d'Aymeri de Sainte-Hermine,
comme il a été remarqué ci-devant : il
en avoit rendu son dénombrement au
même Seigneur d'Archiac, en mil quatre
cent ; il mourut jeune, ayant épousé
Marguerite de la Duch, qui se remaria à
Galeas de Pluviers, Chevalier ; elle est
qualifiée dans différens actes de la Noble Dame du Fa, & d'Usson. 1°. Elle
rendit aveu de son mesnement & dépen-
dance de la Liége en la Paroisse de Monac, à l'Abbé de la Couronne, le dix
Mai mil quatre cent trente-cinq, signé
Jean Bompart. 2°. Elle rendit son dénombrement en mil quatre cent quarante-cinq, de sa terre de Marsac, au

devoir d'un fer de lance doré, au Comte d'Angoulême, qualifiée de Demoiselle, de veuve de Meffire Pierre Galeas de Pluviers, Chevalier, de feule & unique héritiere de Gaillard de la Duch, Seigneur de Chadenac, dont on va parler. 3°. Autre aveu rendu par ladite Marguerite, au Seigneur de la Sirerie de Pons en Saint-Onge, pour fa terre d'Uffon, au devoir d'un chapel de rofe, l'un du dix-neuf Mai mil quatre cent trente, & le fecond du quatorze Novembre mil quatre cent trente-fept. 4°. Aveu rendu par Jean Bertrand, Ecuyer, à Marguerite de la Duch, Dame du Fa & de Chadenac, pour les fiefs & moulins de la Vergne, le fief de la Sabliere, & autres Fiefs, original en latin, de mil quatre cent cinquante-un, trouvé au Château d'Uffon; Hélie du Fa, Chevalier, Seigneur dudit lieu; Marguerite Vigier fa femme; Louife du Fa leur fille, avec Gaillard de la Duch Damoifeau, dont on a ci-deffus parlé, futur époux de ladite Louife, vendirent à Raymond de Pontvieux, Procureur de l'Abbé, & Couvent de Notre-Dame de la Couronne, Religieux de l'Ordre de Saint Auguftin; les chofes qui s'enfuivent, & généralement tout ce qui appartient à Hélie du Fa (miles) dans la terre de la Rochandri, pour le prix de quatre-vingt franc d'or, du coin du Roi de France; enfuite eft la ratification des femmes & filles & gendres dudit Hélie du Fa; eft encore l'acte d'amortiffement que fait Guiliaume, Evêque d'Angoulême, des fufdites chofes vendues audit Couvent de la Couronne, original en parchemin & latin, du dix-huit Août, en l'année mil trois cent quatre-vingt-un, trouvé au tréfor de Blanzac en Angoumois; l'on rapporte auffi les aveux & dénombremens rendus par Gaillard de la Duch, Ecuyer, des terres qui font paffées à ladite Marguerite fa fille, & aux Seigneurs de Sainte-Hermine fucceffivement. 1°. Celui de fa terre d'Uffon &

fiefs en dépendans, à la Sirerie de Pons, en treize cent quatre-vingt-douze. 2°. Celui de la Prévôté de Marſac, Paroiſſe de Sainte-Leurinne, Châtellenie d'Archiac, au devoir d'un fer de lance doré, à Monſieur le Comte d'Angoulême, le treize Octobre mil trois cent quatre-vingt-dix-ſept. 3°. Enfin la vente qu'il fit le onzieme jour du mois de Juin mil quatre cent quatorze, à Jacques Pouſſard, Seigneur de Paire, de la Fortereſſe & Tour de Chadenac, avec toutes ſes appartenances & dépendances, pour le prix & ſomme de deux cens écus d'or, enſuite eſt la reconnoiſſance de Regnault, Seigneur de Pons, des lots & ventes que lui a payé ledit ſieur Pouſſard. La maiſon de la Duch eſt connue depuis l'an douze cent quatre-vingt-dix, en ce que Gaillard de la Duch, Evêque d'Olleron, eſt nommé parmi les grands Seigneurs du Bearn & fut établi avec eux Exécuteur du Teſtament de Gaſton, Vicomte Souverain de cette Principauté, Marguerite de la Duch & Jean de Sainte-Hermine eurent donc pour fils Jean qui suit :

JEAN DE SAINTE-HERMINE, deux du nom, Ecuyer, Seigneur du Fa, Tourtron, Pont-Breton, Saint-Mêmes, Marsac, Usson, donna à Monsieur le Comte d'Angoulême les dénombremens de la terre de Tourtron en mil quatre cent quarante-cinq; celui de Saint-Mêmes, en mil quatre cent cinquante-huit; celui de Pont-Breton relevant du Château do Lignieres en mil quatre cent quarante-huit, passé le vingt-deuxieme jour d'Octobre, à Saint-Jean d'Angely, *signé* Rousseau, vuidé au degré de Guillaume les mêmes objets; accensement fait par Noble homme Jean de Sainte-Hermine, fils & Procureur suffisamment fondé par lettres de procuration, de laquelle la teneur est ci-dessous incorporée de Nobles femmes Marguerite de la Duch, Dame du Fa & Dusson, veuve de Messire Galeas de Pluviers, Chevalier; sa mere, d'une part ; & Guillaume Bos Alias Mauphin, demeurant au village de Greroux, en la Paroisse de Perignac, en la Châtellenie de Pont, d'autre part ; lequel dit Jean de Sainte-Hermine, en nom comme Procureur de ladite Dame sa mere, considérant le profit utile & augmentation des Terres, Seigneuries & Domaines de ladite Dame sa mere ; savoir, quatre Boisseaux de Froment, mesure dudit lieu de Pont, payables à l'Hôtel de ladite Dame du lieu d'Usson, le jour & Fête de Saint-Vincent, original en parchemin, devant Allain de Bois-Briand, Prêtre, Notaire-Juré & Garde du scel établi aux contrats d'Angoulême, témoins requis, à ce appellé Maître Jean Geoffre, Prêtre, Jean-François Alias du Fa, Vernan Gautier, tous demeurans audit lieu de Perignac, le vingtieme jour de Février, l'an mil quatre cent cinquante-un, trouvé au trésor d'Usson.

S'ensuit la procuration à tous ceux,

&c. ELIE GAULT, Licentié ès-Loix, Garde du fcel établi aux contrats d'Angoulême, pardevant le Notaire Juré & témoins ci-bas nommés perfonnellement établis; Noble femme Marguerite de la Duch, Dame du Fa, veuve de feu Meffire Galeas de Pluviers, Chevalier, laquelle a fait conftituer & établir fon Procureur Général & meffage fpecial Noble homme Jean de Sainte-Hermine, fon fils, *héritier* en toute & chacune fes caufes, &c. Original en parchemin, paffé audit lieu du Fa, préfens témoins à ce requis, appellés Jean de Genac, Jeannot Ithier & Jean Baraille, Laboureur, le cinquieme jour d'Avril l'an mil quatre cent cinquante-un, *figné* René Catris, *figné* pour copie, extrait de l'original de Chaffeuil, collation faite à l'original trouvé au tréfor du Château d'Uffon, chez *Monfieur Arbouin*. Dénombrement rendu de la terre & feigneurie du Fa, le quatre Juin mil quatre cent foixante-fept, à Ramnulphe,

Evêque d'Angoulême, avec une infinité
d'autres titres qui feroient trop long de
rapporter ici fur les terres du Fà, Saint-
Mêmes, Tourtron, Pont-Breton & Marfac; l'on va feulement rapporter encore
l'extrait de fon contrat de mariage, &
la procuration de fa mere, en confé-
quence paffé devant Guillaume Réal,
Archidiacre de Saintonge; a été dit que
du mariage de Jean de Sainte-Hermine
& de Marguerite Goumard, Demoifelle, fille de Bertrand Goumard, Ecuyer,
Seigneur d'Echillais, & d'Anne Bonnelle
fa femme, que lefdits Bertrand, Goumard & Anne fa femme feroient tenus
de donner à leurdite fille, la fomme
de quarante livres, affife & affignée en
la terre & feigneurie de Tonnay Charente, & fur la Terre qui jadis fut à
Dame Marguerite d'Archiac, à prendre
y cettedite fomme de quarante livres
fur ladite Terre, après les décès de Meffire Ithier Bonneau, ou Bonnelle, Chevalier par le temps qu'il vivoit, & en

outre fut parlé qu'en faveur dudit mariage, lesdits conjoints étoient tenus
donner auxdits conjoints, à être pour
lors la somme de cent reaux d'or payés
en deux termes, ce fut fait & donné
présens garens à ce appellés & requis
Noble homme Jean Goumard, François Goumard, Colas la Personne, Frere
Aimerie Acharie, Religieux, Ordre de
Saint-Benoît, & Prieur de Pérignac, &
Regnault Viguer, le vingt-cinquieme
jour du mois d'Octobre, l'an mil quatre cent trente-cinq.

S'ensuit la procuration donnée par
Noble Dame Marguerite de la Duch,
Dame du Fa, de la Vergne, veuve de
Jean de Sainte-Hermine, Ecuyer, laquelle a fait créer, constituer, ordonner, & établir ses Procureurs Généraux
& Messageurs spéciaux; c'est à savoir,
son très-cher & amé fils Jean de Sainte-
Hermine, Bernard de la Pierre, porteurs
& exhibiteurs de ces présentes Lettres,
& chacun d'eux d'obliger & hypothé-

quer tous ſes biens pour ſûreté du douaire
de Marguerite de Goumard ſa bru, ſpé-
cialement ſa terre du Fa ; cet acte paſſé
préſens témoins à ce appellés & requis
Jehannin, François & Pierre de Cam-
predon, Maſſon, le vingt-troiſieme jour
du mois d'Octobre, l'an mil quatre cent
trente-cinq, *ſigné* Guillaume Guibert,
Notaire, ſous les ſcellés de Pons, &
ſcellé du ſcel ſuſdit Jeart, laiſſant de
Marguerite Goumard, entre autres enfans, 1°. Hélie ou Héliot, qui ſuit.
2°. Hermiſſe de Sainte-Hermine, qui
contracta mariage en mil quatre cent
ſoixante-dix-neuf, avec Noble homme
Joachim Grant, Ecuyer, rapporté dans
un Procès en mil quatre cent quatre-
vingt-onze, que ledit Grant avoit avec
le Seigneur d'Archiac, pour des droits
qu'il prétendoit à Marſac, laquelle Terre
fut donnée en dot par Jean de Sainte-
Hermine, à ladite Noble Demoiſelle
Hémiſe, femme dudit Grant, ces écri-
tures contiennent encore pluſieurs titres
fur

Gaillard de la Duch, Marguerite sa fille, son unique héritiere; & Hélie, qui suit son arriere petit-fils. 3°. Marthe, femme de Jean de Ferrieres, Ecuyer, Seigneur de Sauvebœuf en Limousin; le fief de Pont-Breton lui fut donné en dot, suivant la transaction du vingt-quatrieme Mars mil quatre cent soixante-dix-neuf, passé entre Hélie, Chevalier, & Jean de Ferrieres, Ecuyer, Marthe Demoiselle sa sœur & en faveur dudit mariage, ledit Chevalier pour tous les droits légitimaires qui pouvoient lui appartenir de ses pere & mere; il lui cede plusieurs articles de rentes qu'il a dans Pont-Breton, l'Hôtel Noble avec la Forêt & le Maine de l'Isle, vingt-deux livres dix sols Tournois de rente, sur différens particuliers de Nersac & Roullet, &c. Testament dudit Jean & Marthe, en faveur d'Hélie de Ferrieres, Chevalier, leur fils aîné, passé au Château de Sauvebœuf en mil cinq cent trois. Monsieur le Marquis de Mirabau a ce titre.

E

4°. Jeanne-Françoise de Sainte-Hermine, cette derniere mariée à Noble personne Jean de Rabainnes, Ecuyer, qui transigea sur procès en forme de partage entre Hélie, Jeanne & Françoise Demoiselle sa femme, dont on rapportera l'extrait sur le degré qui suit. Jean mourut long-temps après, mil quatre cent soixante-sept.

La famille de Goumard qui a fait plusieurs branches & qui a possédé plusieurs terres en Saint-Onges, est alliée aux Maisons de la Rochefoucault d'Archiac, d'Aubterre, de Rochechouart, de Beaumont & de Poussard.

Hélie, premier du nom de Sainte-Hermine, Chevalier, Seigneur du Fa, Marsac, Tourtron, Pont-Breton, Saint-Mêmes, rendit aveu de ce dernier lieu, à Madame la Comtesse d'Angoulême, en mil quatre cent soixante-dix; hommage rendu par Gallant Driet, Ecuyer, Seigneur de Saint-Simon, de son fief d'Herbaut, relevant de Marsac, à Mesfire Hélie de Sainte-Hermine, Chevalier, qualifié de haut & puiffant Seigneur du Fa & de Marfac (*à nobili & potenti viro domino meo*) paffé au lieu de Châteauneuf, le trois Septembre mil quatre cent quatre-vingt trois ; aveu rendu au même Chevalier, par Jeannot Peyrier, Ecuyer, Seigneur de Lamotte, de fon fief relevant de la Prévôté de Marfac, comme repréfentant Gaillard de la Duch, paffé au lieu de Saint-Mêmes, le vingt-fept Avril mil quatre cent quatre-vingt-un, original en parchemin.

Réception d'hommages donné par Hélie de Sainte-Hermine, Chevalier, à Jean Duchêne, Ecuyer, Seigneur de Rommefort, le feptieme Septembre mil quatre cent foixante-feize. *figné* de Sainte-Hermine : Obit fait par ledit Hélie, aux Religieux Auguftins de Saint-Savignien en Saintonge, pour le repos de l'ame de Claire de Sainte-Hermine fon fils ; tranfaction paffée entre Hélie & les Corlieux, où il appert que le

Seigneur du Fa a cédé ſes droits dans
Hierſac Champmillon , Saint-Saturnin ,
moyennant un hommage pour la Filliere,
appellé au degré de Guillaume , comme
on l'a remarqué ci-deſſus la Fréceliere ,
en mil cinq cent ſix. *Signé* de la Pelle-
trie. Hélie revendit auſſi à Guillaume II
de la Rochefoucault , la moitié de la
terre du Parc d'Archiac qui lui étoit
échue de la ſucceſſion de Blanche d'Archiac , leur aïeule maternelle. Mélan-
ges , *v. 181 , ſ. 346.*

Tranſaction paſſée par ledit Hélie ,
avec frere Hélie Fayart , Procureur,
Religieux de l'Abbaye de la Couronne,
Ordre de Saint-Auguſtin pour le maiſ-
nement , moulins , terre au lieu de la
Liége , paroiſſe de Monac , le dernier
Mai mil quatre cent ſoixante - onze.
Signé Dupuy , original en parchemin au
Tréſor de l'Abbaye de la Couronne en
Angoumois.

Aveu de la terre de Saint-Même au
Comte d'Angoulême , cote 400 , de la

Chambre des Comptes à Paris , par Pierre Dehalles , Ecuyer, pour lui & Hélie de Sainte-Hermine sa femme, du deux Septembre mil quatre cent quatre-vingt-dix-sept , époque qu'est sortie de la Maison de Sainte-Hermine ; la terre de Saint-Même , qui est passée par l'alliance d'une Dehalles avec les anciens Seigneurs de la Rochebeaucourt ; enfin la transaction sur partage entre Messire Hélie de Sainte-Hermine , Chevalier, Seigneur du Fa ; Françoise de Sainte-Hermine & Jeanne Demoiselles ses sœurs , & noble personne Jean de Rabaines , Ecuyer, comme mari de Françoise de Sainte-Hermine , où il est stipulé que, pour leurs droits & parts des successions de feu Jean de Sainte-Hermine , & Marguerite Goumard leur pere & mere, en leur vivant, Seigneur & Dame du Fa , que ledit Chevalier , comme de raison, réservé à lui son droit d'aînesse , tel que gens nobles appartient , & que la Coutume du Pays le portoit, par l'avis, conseil de plusieurs gens notables, leurs parens & amis communs, ledit Messire Hélie de Sainte-Hermine, Chevalier, Seigneur susdit d'une part, & ledit Jean de Rabainnes, tant pour lui que comme Procureur fondé desdites Françoise, sa femme, & Jeanne de Sainte-Hermine, sa sœur, absentes, ledit Chevalier leur a baillé, livré, cédé, quitté, remis, délaissé; savoir, toute la terre & revenu tant de cens, rentes, fruits, revenus, droits Seigneuriaux, hommages agriers, &c. La Terre & Seigneurie d'Usson en la Châtellenie de Pons, le Fief appellé le Fief d'Archiac, situé, assise ès Ville & Châtellenie de Pons & de Tonnay Charente, & généralement tout ce que ledit de Sainte-Hermine & ses feu pere & mere & autres ses prédécesseurs Seigneurs du Fa, ont accoutumé, par ci-devant: jouir lesdites Françoise & Jeanne de Sainte-Hermine, seront tenues d'ac-

quitter à Jean Goumard, Seigneur d'E-
chillays, à la décharge dudit Chevalier
& des siens, la somme de deux cens
écus d'or, laquelle somme avoit été af-
fectée, hypothéquée au dit Goumard,
ladite terre, fief & revenu de Tonnay
Charante. *Item*, plus a été dit & accordé
entre lesdites Parties, qu'en tant que
tous certains procès touchant la Terre
& Seigneurie du Fa, qui est pendant &
indécis, entre ledit Chevalier & Messire
Mathurin de la Touche, aussi Chevalier
& Dame Périete de Montendre sa femme,
à cause d'elle, lesquels prétendent droit
en ladite Terre & Seigneurie du Fa,
lesdites Françoise & Jeanne de Sainte-
Hermine, Damoiselles ses sœurs, seront
tenus de les désintéresser en cas qu'il
succombe ; ce fut fait & passé en ladite
Ville de Pons, en la présence desdits
Notaires & témoins requis, honoré
homme, André Cottard & Colas Vau-
gard, Marchands, demeurant en la
Ville de Pons, le septieme de Novembre,

l'an mil quatre cent quatre-vingt trois, original en parchemin. *Signé* Mahé, trouvé au Château d'Ufson, chez M. Arbouin (1), ledit Hélie mort en mil cinq cent treize, & fut pere de Claude.

CLAUDE DE SAINTE - HERMINE, Ecuyer, Seigneur du Fa, de Tourtron, Saint-Simeux, mourut avant l'année mil cinq cent huit, laiffant de Cécile Joubert, Damoifelle Dame de la Vergne & de Saint-Simeux ; Joachim qui fuit.

JACQUES DE RABAINNES , Ecuyer , Seigneur d'Ufson, fait ceffion à Claude de Sainte-Hermine en mil cinq cent deux, des deux cinquiemes du fief de Marfac, paroiffe Sainte-Lurine près Archiac, moyennant la fomme de quatre cens liv. de fort principal, & fept livres dix fols

_____

(1) La Maifon de Rabainnes eft noble & ancienne, alliée à celle de Laferté Senneftere ; Jeanne de Senneftere, fille de Paul, Seigneur d'Ufson & de la Tour de Brillac & de Efthaer de Cauffade, époufa Charles de Senneftere , Comte de Saint-Victor , cadet du Maréchal de la Ferté.

pour les loyaux - coûts payés au fieur d'Archiac, duquel il avoit retrait lefdits deux cinquiemes, à la charge par ledit de Rabainnes de remettre dans huit jours au fieur de Sainte-Hermine, tous les titres & papiers qu'il a eu dudit fieur d'Archiac, touchant l'acquifition qu'il avoit ci-devant faite du Seigneur du Fa, fon pere; original en parchemin. Un appointement du vingt-un Février mil cinq cent trente, entre Cécile Joubert, Damoifelle veuve de Claude, Seigneur du Fa, qualifiée de Dame de Tourtron & de Saint-Simeux; ce titre eft au tréfor de Tourtron, avec une infinité d'autres fur les premiers degrés de filiation.

Jean & Jacques de la Rabainne, pere & fils, & Jeanne de Sainte-Hermine, vendirent les deux cinquiemes du fief de Marfac qu'ils avoient eu après le décès de Joachim, Grand Ecuyer, comme en ayant eu l'ufufruit après la mort d'Hémiffe de Sainte-Hermine fa femme, dont on a parlé ci-devant, fuivant la quittance en mil cinq cent quatre ; original en parchemin.

La famille de Joubert eſt alliée à celle d'Aubuſſon, de Chabot, de Noailles & de Seaulx - Tavanne ; Annet Joubert, Seigneur de Cuniac, épouſa Françoiſe d'Aubuſſon vers l'an mil cinq cent quarante-cinq ; Françoiſe Joubert épouſa Charles Chabot, Seigneur de Saint-Froix ; Guy Joubert d'Allemand, Seigneur de Montardy, épouſa en mil cinq cinq cent trente-un Françoiſe de Noailles, fille de Louis de Noailles, Seigneur de Montelare, &c. Antoine Joubert, Seigneur de Beraul , Comte de Blagnac, a épouſé Claudine de Seaulx, fille de Jean de Seaulx, Vicomte de Lugny , fils puîné du Maréchal de Tavanne, de Claude de Sainte-Hermine, & de Cécile Joubert, eſt iſſu Joachim qui ſuit.

JOACHIM DE SAINTE-HERMINE, premier du nom , Chevalier , Seigneur du Fa , qualifié de Haut & Puiſſant, l'un des cent Gentilshommes de la Maiſon

du Roi François Ier épousa en mil cinq
cent vingt-sept Anne Guibert, fille de
Jean, Juge des Traites de Saintonges
& de la Rochelle, & de Jacquette Fo-
reau, Dame de la Laigne & de Champ-
denier; de cette alliance vint:

JEAN DE SAINTE-HERMINE, trois du
du nom, Chevalier, Seigneur du Fa &
de la Laigne, qui fit ses premieres armes dans la Compagnie d'ordonnance
de M. de Bury, étoit en mil cinq cent
soixante-huit Gouverneur & Lieutenant
Général pour le Roi, en l'absence de
M. le Prince de Condé dans les Provinces de Poitou, de Saintonge & d'Aunis.
Il épousa en mil cinq cent soixante
Lucresse de Luzignan, fille de Jean,
Seigneur de Luzignan en Agénois, & en
eut Joachim qui suit.

Aliénation des Terres & Seigneuries
d'Hiersac, Moulle & village de l'Habite,
dépendans de l'Abbaye de la Couronne,
& Maison de la Maître Ecole d'Angoulême, par la Reine de Navarre & les

Princes de Navarre & de Condé, à Meſſire Jean de Sainte-Hermine, Chevalier, Seigneur du Fa en mil cinq cent ſoixante - dix , original en parchemin. *Signé* Arnaud. La Maiſon de Luſignan eſt aſſez connue pour n'en pas dire davantage.

JOACHIM DE SAINTE-HERMINE, deux du nom , Chevalier, Seigneur du Fa & de la Laigne , qui ſuivit d'abord le parti des Religionnaires commandés par M. le Prince de Condé ; mais il rentra depuis dans ſon devoir. Il étoit en mil cinq cent quatre-vingt-ſeize Gentilhomme ordinaire de la Chambre du Roi Henri IV, & mourut avant le neuf de Septembre de l'année ſuivante , laiſſant de Barbe Goumard , fille de Charles, Chevalier, Seigneur d'Ardilliere & d'Ardouine de Barbezieres entr'autres enfans , Helie qui ſuit , Pierre , David , Léonord , & Hardouine de Sainte-Hermine , mariée en mil ſix cent-quinze à Iſaac de Royere, Chevalier, Seigneur dudit lieu en Limousin, d'où descend M. de Royere, aujourd'hui Evêque de Castres : David fut marié en mil six cent dix-huit avec Marie Rolland, dont il eut quatre enfans; une, nommée Françoise, se maria en mil six cent quarante-cinq à Isaac de Livennes, Chevalier, Seigneur de Merignac. Cette branche de Goumard est alliée aux Maisons de Lezé Luzignem, de Marans, de Barbezieres, Chemerault, de la Messeliere ; Charles Goumard, Seigneur de Goumond, épousa en mil six cent quinze Jeanne de Lezé Luzignem; François Goumard, Seigneur de Mezieres, épousa en mil cinq cent vingt Renée de Marans, & Antoinette Goumard sa fille, épousa François Frottier, Seigneur de la Messeliere, Chevalier des Ordres du Roi, Gouverneur de Brouage ; Charles Goumard, Seigneur d'Ardillieres, pere de Barbe, épousa Ardouinne de Barbezieres, de la Maison de Chemerault, alliée à celles de Vivonne, de Mesme, Comte d'Avaux de la Bazimiere.

HELIE DE SAINTE-HERMINE, deux
du nom , Chevalier, Seigneur du Fa &
de la Laigne , qui époufa en mil fix cent
fept Ifabeau de Polignac, fille de François, Chevalier, Seigneur de Fontaines,
& en eut deux fils ; favoir 1°. Joachim,
trois qui fuit : 2°. Helie , Seigneur de
la Laigne , auteur d'une branche rap-
portée ci-après. La Maifon de Polignac qui a poffédé différentes terres en
Xaintonge , eft connue & alliée aux
plus grandes Maifons du Royaume :
cinq filles de cette Maifon ont époufé ;
l'une , un Grêen , Baron de Chattellai-
lon, Grand Sénéchal d'Aunis ; la feconde,
un Chefnel , à qui elle porta la Terre
Defcoyeux ; la troifieme , un Lefcourt,
à qui elle porta la Terre de Parenfey ;
la quatrieme époufa un Guibert de Lande,
à qui elle porta la Terre de Lande ; &
la cinquieme qui fuit, Joachim de Sainte-
Hermine , à qui elle porta la Terre de
Saint-Laurent ; ces cinq Dames plaide-
rent long-temps avec le Seigneur de

Jonfac, & transigerent enfin pour une succeffion qui leur étoit échue d'une tante, conjointement avec le Seigneur de Jonfac qui en defcendoit.

JOACHIM DE SAINTE-HERMINE, trois du nom, Colonel d'Infanterie, Chevalier, Seigneur du Fa & de Saint-Laurent, s'allia en mil fix cent trente-cinq avec Anne de Polignac, de la même Maifon que fa mere, fille de Louis, Baron d'Argence : de cette alliance vinrent 1°. Helie qui fuit : 2°. Louis : 3°. Céfar : 4°. Leon, mort Capitaine au Régiment de la Reine : 5°. Ifaac, mort Capitaine au Régiment de Navarre : 6°. Alexandre, Chevalier, Seigneur de la Barriere, mort garçon : 7°. Diane de Sainte-Hermine, femme de François Lemouzin, Chevalier, Seigneur de la Michelliere en Saintonge; il y a poftérité : 8°. Marie, mariée à Michel Frettart, Chevalier, Seigneur du Chattenet; il y a poftérité : 9°. Anne, femme de Charles Vigier, Chevalier, Seigneur de Maffac en Saintonge : 10°. Suzanne, morte fille en mil fept cent vingt, qui auroit fait fon teftament en faveur de Suzanne Vigier fa niéce , femme de Geoffroi de Blois, Chevalier, Seigneur de Rouffillon en Xaintonge; il y a pof-térité.

HELIE DE SAINTE-HERMINE , trois du nom , Chevalier , Seigneur du Fa , ap-pellé Sainte-Hermine , qui de Suzanne Guibert, fa coufine germaine , fille de Henri , Chevalier, Seigneur de Lande , eut entr'autres enfans , trois fils & plu-fieurs filles ; favoir , Helie François , Marquis de Sainte-Hermine , Seigneur du Fa , Chef d'Efcadres des armées navales, & Commandant au départe-ment de Rochefort en mil fept cent trente-fept : 2°. Alexis , mort Enfeigne de Vaiffeau en mil fept cent trente-trois : 3°. François de Saint-Hermine , Seigneur du Fa , mort Capitaine de Vaiffeau en mil fept cent quarante-huit, & Suzanne, mariée 1°. à Pierre

de

de Briand, Chevalier, Seigneur de Boiſſe, Gouverneur de la Citadelle de Strasbourg, Brigadier des armées du Roi : 2°. A Philippe de Gallard de Bearn, Comte de Gallard, Colonel d'Infanterie. Le contrat ſigné du Roi & de la Famille Royale, de Meſdames la Ducheſſe d'Uzès, les Marquiſes d'Antin, de Barbezieux, de Madelaine le Valois, veuve de M. de Sainte-Hermine de la Laigne, de Madame la Comteſſe de Mailli, tante de Madame la Ducheſſe d'Elbœuf de Rottelin, de Paraber, de M. de Pardaillan, de Madame la Ducheſſe de Noailles, de M. le Comte de Polignac, tous parens & amis de ladite Suzanne de Sainte-Hermine. C'eſt après la mort du Comte de Gallard, que Suzanne de Gallard de Bearn ſa ſœur, femme de François Paſquet, Chevalier, Seigneur de Bruſſi, qu'elle vendit au ſieur Claude Tremeau, Conſeiller au Préſidial d'Angoulême, la Terre du Fa Sainte-Hermine, ſur lequel Pierre-Louis

F

de Sainte-Hermine, Aumônier ordinaire
de la Reine, dont il est ci-après parlé,
Madelaine-Genevieve de Sainte - Hermine, Marquise d'Alegre, formerent
leur retrait; & par Arrêt du Parlement
de Paris, furent envoyées en possession
le vingt Janvier mil sept cent soixante-
quatre.

CÉSAR DE SAINTE-HERMINE, Chevalier, Seigneur de Saint-Laurent, & de
la Barriere, troisieme fils de Joachim III,
& d'Anne de Polignac, étoit cousin
germain de feue Madame la Comtesse
de Mailli, dont il est ci-après parlé. Il
épousa en mil six cent quatre-vingt-sept
Marie le Grand, fille de Louis, Chevalier, Seigneur Desgallois, d'une famille noble, & alliée aux principales
Maisons du Poitou, lequel Louis étoit
fils de Henry-le-Grand, Chevalier, Seigneur de Courpeteault, & de Jacquette
Aymer Demoiselle, ledit Henry, fils
de Charles-le-Grand, Chevalier, Seigneur des Gallois & de Courpeteault,

commandant en mil six cent une Compagnie de gens à pied pour le Roi, en la ville de Saint-Jean d'Angely. Il épousa dans la même année Esther Chataignier de la Rochepolay, fille de Pierre. La famille des le Grand, dont MM. du Bois, Chevaliers, Seigneurs de Saint-Mandé & de Courpeteault, ont épousé l'héritiere; possédoit sous François Ier les premieres places dont elle étoit considérée. De César & Marie le Grand sont issus 1°. Helie qui suit; 2°. Louis César, mort Lieutenant de Vaisseau; 3°. Marie, mariée à René Turpin de Crissai, Chevalier, Seigneur de Saint-Martin; 4°. Marie-Henriette, femme de Clément de Manne, Chevalier, Seigneur du Gazon : César mourut le vingt-trois Octobre mil sept cent dix-neuf.

HELIE DE SAINTE-HERMINE, trois du nom, Chevalier, Seigneur de Saint-Laurent & de la Barriere, fut fait Garde de la Marine en mil sept cent cinq. Il est mort en mil sept cent soixante-huit,

laiffant de Madeleine Fé, fille de Jean
Fé, Ecuyer, Seigneur de Boifragon,
alliée à la Maifon de Voyer, de Paulmi
& d'Argenfon, de celle de Livron,
Seigneur de Pluvidal en Angoumois.
1°. René-Madelaine, Chef de bataillon
au Régiment de Rouergue, qui a époufé
Claire-Jacquette de Culant d'Anqueville;
il y a poftérité. 2°. Pierre-Louis, Abbé
Commendataire de Montbenoift, Aumônier ordinaire de la Reine, Commandeur Eccléfiaftique de l'Ordre de Saint-
Lazare. 3°. Jean, quatre du nom, qui
fuit, & plufieurs filles, dont Andrée eft
Abbeffe de Saint-Menoux au Diocèfe
de Bourges, entrée au Royal Monaftere
de Saint-Cyr en 1741, & Louife Mag-
deleine de Sainte-Hermine, qui a
époufé en 1779 le Comte Irland,
Chevaux-Léger & Chevalier de Saint-
Louis.

JEAN DE SAINTE-HERMINE, quatre
du nom, Chevalier, Seigneur de la
Barriere, fut fait Lieutenant au Régi-

ment de Beauvoifis en mil fept cent
quarante-fept ; il a été reçu en mil fept
cent foixante-neuf par Sa Majefté, Chevalier de l'Ordre de Saint-Lazare, a été
nommé en mil fept cent foixante-onze,
Commandeur de la Commanderie de
Saint-Philippe ; il a époufé en 1755
Louife - Angélique de Roullin, fille
de Meffire Jean de Roullin, Chevalier,
Seigneur de la Templerie : cette famille
eft alliée aux principales Maifons du
Poitou ; elle eft noble, & d'ancienne
race, maintenue & connue par Arrêt
contradictoire du Confeil Privé du Roi,
le cinq Décembre mil fix cent foixante-
fept, fur la repréfentation des titres
d'Alexandre Roullin, Chevalier, Seigneur de la Mortmartin, paroiffe d'Aiffre
en Poitou, auteur dudit Jean, lequel
eft fils d'Artus, Chevalier, Seigneur de
la Pierriere-Artus, fils d'Alexandre, def-
cendant de Foulques & François Roullin,
fes quatre aïeuls & trifaïeuls, qualifié
de Haut & Puiffant, Chevalier, Seigneur

de Sainte-Mesme près Saint-Jean d'Angely, suivant le contrat de mariage dudit Foulques avec Pierrette Mesnard
Damoiselle, ses pere & mere, passé en
la ville de Saintes, le dernier Février
mil quatre cent quatre-vingt-onze : Jean
de Roullin a donc épousé Louise-Anne
de Mercastel de Montfort, fille de
Messire Claude de Merlcastel, Chevalier, Seigneur de Montfort, lequel étoit
fils unique, héritier de Messire René de
Merlcastel, Seigneur de Montfort, &
de Dame Charlotte de Heron, ses pere
& mere, & de Damoiselle Marguerite
de Lestendart, fille de feu Messire René
de Lestendart, Chevalier, Seigneur de
Roncherolles en Bray. Ces deux familles
sont assez connues, & alliées aux principales Maisons de Normandie, comme
de Mailli & de Roncherolles, pour ne
pas en dire davantage.' Les enfans de
Messire Jean de Sainte-Hermine, & de
Louise-Angélique de Roullin, sont :
1°. Pierre-Louis-Genevieve de Sainte-

Hermine , Comte de Brioude. 2°. Em-
manuel - Armand - Jean - Benedicte de
Sainte-Hermine, Chevalier de minorité
de l'Ordre de Malte. 3°. Pierre-Helie-
Madeleine , né le dix Novembre mil
sept cent soixante-quatorze.

Les Seigneurs de MERIGNAC & COULLONGES.

Louis de Sainte-Hermine, Chevalier,
Seigneur de Chenon & de Merignac ,
second fils de Joachim , & d'Anne de
Polignac , lequel épousa en mil six cent
soixante-un Marie de Livenne , fille de
Messire Isaac de Livenne , Chevalier,
Seigneur Desbrosses & de Merignac ,
& de Françoise de Sainte-Hermine , &
fut pere de Louis, dont on va parler ,
de René , mort en 1761 , Aumônier de
la Reine , & de Françoise de Sainte-Hermine , & Marie , reçue au Royal Mo-
nastere de S. Cyr en 1686. Louis de
Sainte-Hermine, Seigneur de Merignac,

Colonel du Régiment de Royal des
Vaiſſeaux, avoit épouſé Blanchefleur
Genevieve de Guibert, Dame de Coullonges, dont eſt iſſu Louis Clément,
Seigneur de Merignac & de Coullonges, reçu en 1725, Page de la feue
Reine, puis Capitaine au Régiment de
Vibraye, Dragon, lequel a laiſſé d'Eli-
ſabeth de Maulevrier, Dame d'Agonnay,
1°. René-Louis, Marquis de Sainte-
Hermine, né le 15 Octobre 1741,
Gentilhomme d'honneur de Monſeigneur le Comte d'Artois, & ſon premier Ecuyer en ſurvivance, Colonel
du Régiment de Normandie-Infanterie,
marié le 23 Mai 1775, à Mademoiſelle
de Polignac, fille de M. le Marquis de
Polignac, dont il eſt parlé aux Seigneurs
de la Laignes; 2°. René-Louis, Vicomte
de Sainte-Hermine, Gentilhomme d'honneur de Monſeigneur le Prince de
Condé, & Colonel en ſecond du Régiment de Bourbon : 3°. Marie-Angéli-
que, femme de Meſſire Edouard-Jean,

Marquis de Luker, Chevalier de l'Ordre Militaire de Saint-Louis, ci-devant Colonel du Régiment de Bourgogne-Infanterie, ledit René-Louis, & Angélique de Sainte-Hermine sa sœur, légataires univerſels de feue Marguerite-Emilie de Sainte-Hermine, veuve de feu M. d'Orgeville, dont il ſera parlé aux Seigneurs de la Laignes. La famille de Livenne eſt noble & d'ancienne race, qui a fait pluſieurs branches dans les provinces d'Angoumois, Saintonge & Poitou ; ils étoient Seigneurs de Vouzan & de Saint-Geni en Angoumois. Sur la fin du douzieme ſiecle, pluſieurs ſont entrés dans l'Ordre de Malte, & l'on trouve Baud de Livenne, Commandeur de Vouton en 1529; François de Livenne, dit le Commandeur de Verdille, fils de Pierre, & de Damoiſelle Louiſe de Voluire, ſes pere & mere, reçu au Chapitre, tenu à Loudun le 5 Mai mil ſix cent trente-un ; elle eſt alliée aux Maiſons de Polignac, de Cha-

banes , de Voluire , des anciens Barons
de Ruffec , de la Rochandri & de la
Rochefoucault , d'Albret , d'Aubuffon ,
de Beaumont , de Vernou , François-
Joseph de Livenne , Baron de Balan , &
de Paul de Vernou , Seigneur de Bonneuil , dont la fille unique , Marie-Paul
de Livenne , a époufé Charles de Livenne , Chevalier , Baron des Rivieres
& de Balan , Seigneur de Chatelars &
de Linars en Tourraine ; il y a poftérité.
Feue Madame la Comteffe d'Aubuffon
en fortoit , étoit coufine germaine de
Paul de Vernou , Dame de Balan. Madame la Maréchale de Mouchi , Comteffe de Noailles , defcend également
par les femmes de la Maifon de Vernou , Seigneur de Bonneuil , Meffire
Ifaac de Gain , Marquis de Linars , Capitaine au Régiment Meftre-de-Camp
Général de Cavalerie , a époufé Marie
de Livenne , du Breuil Baftard , la derniere de cette branche , ayant recueilli
la fucceffion en partie de Mademoifelle

de Crévan , Dame de Monchaude.

Seigneurs de la LAIGNE en Aunis.

HELIE DE SAINTE-HERMINE , troifieme du nom , Chevalier, Seigneur de
la Laigne , deuxieme fils d'Helie de
Sainte-Hermine, deux du nom, Seigneur
du Fa, & d'Ifabelle de Polignac, mourut après l'année mil fix cent foixante-
dix-fept , ayant époufé Madeleine le
Vallois de Villette , fille de Benjamin,
Seigneur de Villette, & de Louife d'Au-
bigné, Dame de Murfay, tante de Madame la Marquife de Maintenon; il en
avoit eu 1°. Henri - Louis de Sainte-
Hermine qui fuit. 2°. Helie, Lieutenant
Général des armées du Roi , Infpecteur
de la Cavalerie & des Dragons de l'armée d'Allemagne , mort en 1707. 3°. Philippe , Lieutenant de Vaiffeau en 1686.
4°. Jean - Pharamond , Enfeigne de
Vaiffeau , puis Abbé de Notre-Dame
d'Angle au Diocéfe de Luçon. 5°. Ma-

delaine Silvie, mariée à Alexandre Dexmier d'Olbreuſe, frere de Léonore, femme de Georges-Guillaume Bruſwick-Lunebourg, Duc de Zell, alliance dont eſt iſſue Madelaine - Silvie Dexmier, femme de Chriſtian Bulou, Grand Bailli du Pays de Zell. 6°. Anne-Marie-Françoiſe de Sainte-Hermine, Dame d'Atours de Madame la Ducheſſe de Bourgogne, puis de la feue Reine, tous couſins germain de Céſar de Sainte-Hermine dont on a parlé, aïeul de M. de Sainte-Hermine, le Commandeur de Saint-Lazare. Françoiſe de Sainte - Hermine épouſa en 1687 Louis, Comte de Mailli, Seigneur de Rubempré, Menin de Monſeigneur le Dauphin, fils du Roi Louis XIV, & Meſtre de Camp général des Dragons de France; de cette alliance font iſſus 1°. Louis, Comte de Mailli, Chevalier des Ordres du Roi, tige du Marquis de Neſle, de Meſdames de Coaſlin, de Montbarré, & d'Avarray, Françoiſe de Mailli, mariée 1°. à Louis

Phellipeau, Marquis de la Vrilliere, pere de M. le Duc de la Vrilliere, & de Madame la Comtesse de Maurepas ; 2°. à Paul-Jule de la Porte-Mazarin, Duc de Mazarin. Louise - Françoise de Mailli, mariée à N. de Baufremont, Marquis de Listenay. 3°. Françoise de Mailli, mariée à Scipion Armand, Vicomte de Polignac, frere du Cardinal de ce nom, d'où sont descendus MM. les Vicomtes de Polignac, Seigneurs de Clée, & Marquis de Polignac, premier Ecuyer de Monseigneur le Comte d'Artois ; il y a postérité. Les Sainte-Hermine ont l'honneur d'appartenir à toutes ces Maisons-là, du trois au quatrieme degré, comme on l'a remarqué par les degrés de filiation, rapportés par titres originaux dans cette preuve, de même qu'à Madame la Duchesse d'Aiguillon, Mademoiselle de Plélo, fille de M. le Marquis de Plélo, & de Mademoiselle Philippeau, sœur de M. le Duc de la Vrilliere, & arriere petite-fille de Marie-Françoife de Sainte-Hermine, Comteffe de Mailli, tige de Madame la Marquife de Chabrillant & de M. le Comte d'Agenois, fils & fille de M. & de Madame la Ducheffe d'Aiguillon, de M. & Madame la Comteffe de Maurepas & Ducheffe de Nivernois, tige de Madame la Ducheffe de Coffé, defcendans auffi de Anne-Marie-Françoife de Sainte-Hermine, & par différentes alliances rapportées dans cette preuve, à MM. les Duc de Noailles, Maréchal de France, & Duc de Mouchi, Comte de Noailles, auffi Maréchal de France, & de Madame la Comteffe de la Markac.

HENRY-LOUIS DE SAINTE-HERMINE, Chevalier, Seigneur de la Laigne, appellé Marquis de Sainte-Hermine, fut Capitaine de Vaiffeau du Roi; il mourut en mil fept cent quinze, laiffant de Marie-Marguerite-Genevieve de Morel, fille d'Achilles, Marquis de Putanges, fix filles, entr'autres : 1°. Françoife

Adélaïde, mariée en mil sept cent quinze, avec Aymar Louis, Marquis de Sailli, Lieutenant Général des armées du Roi & Commandeur de l'Ordre de Saint-Louis, & mere de M. le Marquis de Sailli, premier Gentilhomme de M. le Comte de la Marche & de Madame de Souvré, mere de M. le Marquis de Louvois; il y a deux Demoiselles de Sailli, l'aînée a épousé M. le Marquis de Rochedragon, Capitaine de Carabiniers. 2°. Madeleine-Silvie, femme de Mylord André Drummond, Comte de Melfort, Maréchal de Camp, & mere de M. le Comte de Melfort, Maréchal de Camp; il y a postérité. 3°. Marguerite-Emilie, mariée à Jacques Pannier, Seigneur d'Orgevilles, Maître des Requêtes, morte sans postérité le trois Mai mil sept cent soixante-treize. 4°. Madeleine-Genevieve, femme de Joseph, Marquis d'Alégre, Mestre de Camp, de Cavalerie, morte sans postérité le dix-sept Février mil sept cent foixante-quinze, ayant fait par fon teftament différens legs à MM. & Demoifelle de Sainte-Hermine de la Barriere, fans avoir beaucoup grevé fa fucceffion. 5°. Anne, morte Abbeffe de Poiffi ; & la fixieme, morte fille ; toutes ces Maifons font également parentes & alliées du trois au quatrieme degré à MM. de Sainte-Hermine.

Hiftorique fur la Maifon de Sainte-Hermine, rapporté par François Corlieu, Procureur du Roi à Angoulême, en quinze cent foixante-fix, dit dans fon Hiftoire que la Tour du Fa, appellé aujourd'hui Sainte - Hermine, à deux lieues de la Ville fur le bord de la Charante, au lieu appellé le Fa, en Latin *fanum*, eft une maffe carrée oblongue de quelques vingt pieds, l'a élevé comme il eft à préfumer, par les foldats Romains, tenans garnifon en ce Pays au temps de la conquête des Gaules, pour mémoire de leurs noms, au même lieu, de laquelle maffe, appellée par les Latins

(moles)

(moles) reste encore la plus grande part pour cejourd'hui; il est vrai que les Seigneurs du lieu, qui portent le nom de Sainte-Hermine, ont bâti une tour par le dessus, & c'est une des plus grandes antiquités qui se voit au Pays.

Extrait d'un Livre intitulé la vie & mœurs de Jean, Comte d'Angoulême.

Fils de Louis XII, Roi de France & de Vallentinne, Duchesse d'Orléans, né à Orléans le vingt-six Juin mil quatre cent quatre, mais afin qu'on ne pense point que ce que j'ai récité ci-dessus de ces belles vies & mœurs & façon de vivre soit chose supposée, il a été certifié par personnes dignes de foi, qui vivoient de son temps, tel que Gui de Mareuil, Seigneur de Villebois, appellé aujourd'hui la Vallette, *Messire Helie de Sainte-Hermine*, premier du nom, Chevalier, Seigneur du Fa, contemporain & familier de notre Prince Jean

G

Dolli, fieur des Ombrailles fon domefti-
que, une Demoifelle, nommée Romaine
de Loze, femme de Jean Tizon, Seigneur d'Argence ; Foucaud de Livron,
Seigneur de Pluvidal, du refuge de quoi
nous avons parlé au Chapitre précé-
dent, & Jean de Cahours fieur 'e Hau-
tebelle, qui tous ont vu & ..équenté
notre Comte, & ont rapporté ce que
deffus, lequel Jean, Comte d'Angoulême, eft mort en odeur de fainteté au
Château de la Ville de Cognac, le dernier Avril mil quatre cent foixante-onze.

*C'eft d'après le Mémoire qui a été fait
par M. Cherin, Commiffaire Généalogifte
des Ordres du Roi & de l'Ordre du
Saint-Efprit, que l'impreffion de ces preu-
ves s'eft faite.*

I